Animales de Granja

Billy Grinslott

Libros de Kinsey Marie

ISBN - 9781957881836

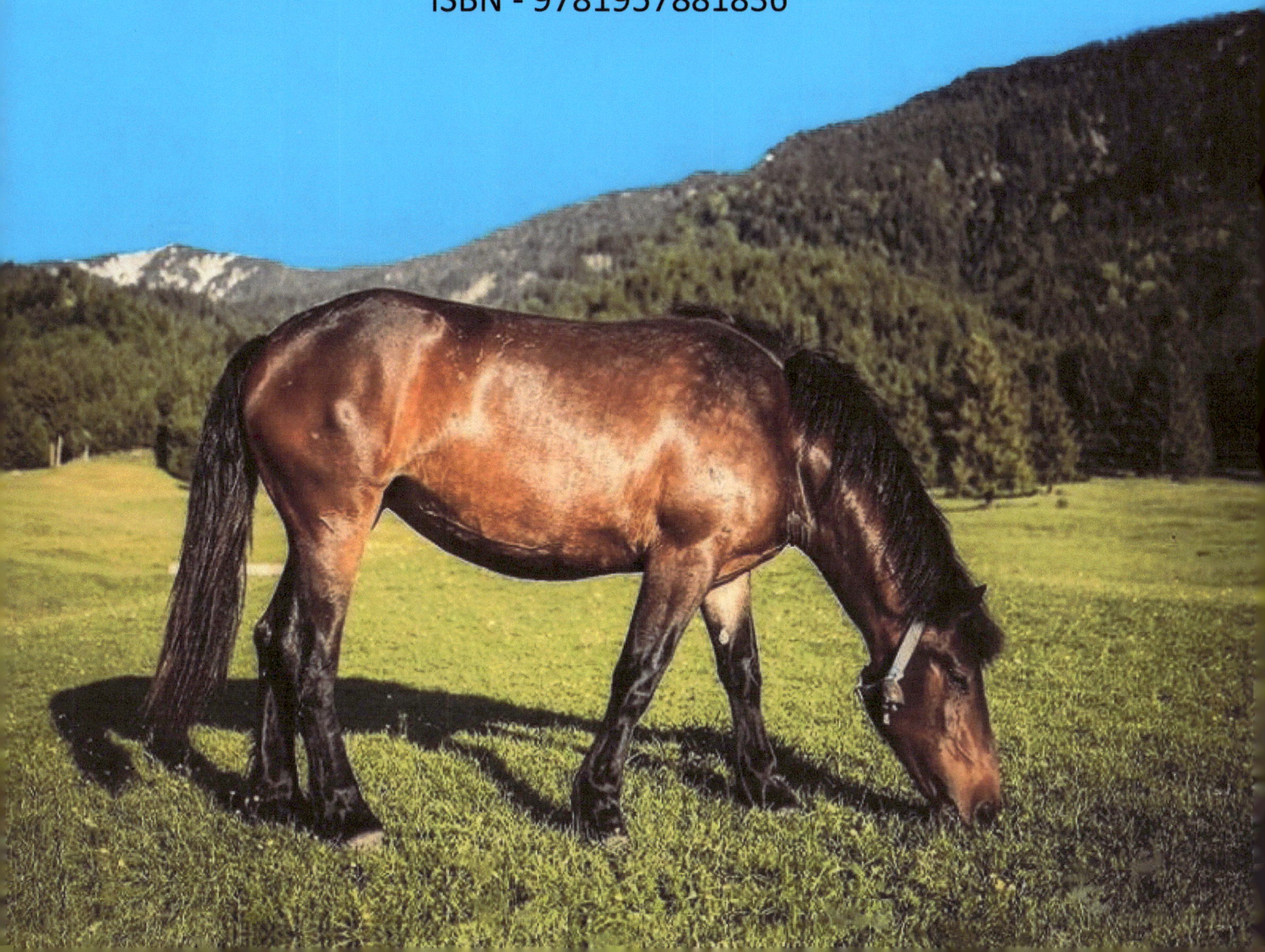

Los pollos son el ave más criada en una granja. Pollos machos, gallos se despiertan todas las mañanas y hacen un fuerte ruido de canto que se puede escuchar a kilómetros. Las gallinas, las gallinas ponen huevos diariamente y se recogen y venden a las tiendas para que las comamos. Los pollos tienen grandes recuerdos y pueden reconocer más de 100 caras. Los pollos pueden ver en color. Sueñan cuando duermen. Los pollos han existido desde los días de los dinosaurios.

Muchas granjas tienen patos domesticados que viven en la granja. Los patos de la ciudad tienen un charlatán diferente al de los patos de campo. Los patitos se comunican entre sí antes de eclosionar. Los patos tienen grandes ojos. Los patos pueden mover cada ojo de forma independiente y almacenan información en los lados opuestos de su cerebro. Los patos pueden dormir con un ojo abierto para observar a otros animales. Los patos tienen un color favorito. Según la investigación, los patos pueden mostrar una preferencia por los colores en el espectro verde o azul.

Quizás el rasgo más distintivo del pato moscovita es su cara, que tiene carnosidad, rojo y lleno de baches alrededor del pico y los ojos. Tienen carúncula en la cara como un pavo. Los moscovitas no nadan tan a menudo como otros patos debido a sus glándulas sebáceas subdesarrolladas que están destinadas a proteger sus alas.

Gansos domesticados. Ganso es en realidad el término para las gansas hembras, los gansos machos se llaman gansos. Muchas granjas han domesticado gansos que se crían como gallinas por su carne o sus huevos. Los gansos machos protegen el nido mientras las hembras se posan sobre los huevos.

Gallina de Guinea. Hay más de 14.500 granjas de guinea en los EE. UU. El cuarto lugar en aves de corral después de los pollos, los pavos y los patos. La gallina de Guinea es capaz de volar con fuerza, pero a menudo prefiere correr en lugar de volar. Por lo general, se posan en los árboles, pero prefieren estar en el suelo. Pueden pasar largos periodos de tiempo sin beber agua.

Los cisnes son enormes. Los cisnes trompeteros son las aves acuáticas nativas más grandes y las aves voladoras más pesadas de América del Norte. Muchas granjas ya no crían cisnes debido a las regulaciones. Pero todavía se les puede ver nadando en estanques cercanos, lagos y alimentándose con pollos y otro ganado.

Las palomas son abundantes y fáciles de ver en las granjas. Muchas palomas viven en graneros y son el ave más común que verás volando alrededor de la granja. Las palomas pueden haber sido el primer ave domesticada. Las palomas son expertas en navegación y una vez se usaron para llevar mensajes a otras personas para que pudieran comunicarse entre sí.

Alguna vez los pavos fueron criados principalmente por sus plumas. Un pavo adulto tiene alrededor de 6 mil plumas y se utilizaban como aislamiento en las chaquetas. Los pavos machos se llaman machos o devoradores. Las pavas hembras no engullen, pero sí ronronean.

Hay aproximadamente 1,500 granjas de emú y aproximadamente 11,500 emúes en los Estados Unidos. Algunos agricultores ven a las aves como beneficiosas porque comen las rebabas que enredan la lana de oveja, así como orugas y saltamontes que comen cultivos.

Solo hay unos pocos cientos de granjas de avestruces en los Estados Unidos. Los avestruces no vuelan a pesar de que tienen alas. Son los corredores más rápidos de cualquier pájaro u otra anima l de dos patas. Tienen patas muy fuertes. Entierran sus huevos en un todo y se les puede ver metiendo la cabeza en el agujero para revisar sus huevos.

Muchas granjas crían y venden conejos. Un conejo bebé se llama gazapo, una hembra se llama cierva y un macho se llama ciervo. Los conejos son muy sociables y les gusta vivir en grupos. Los dientes de un conejo nunca dejan de crecer. Los conejos realizan un salto atlético, conocido como binky, cuando están felices, realizando giros y patadas en el aire. Son excelentes mascotas.

Lo más probable es que veas muchos gatos en una granja. Los gatos ayudan a los agricultores manteniendo el control de las plagas en la granja. lique ratones y otros roedores. A veces se les llama gatos de establo, porque viven en el establo para ayudar a controlar las poblaciones de roedores, que de otro modo comerían o contaminarían los cultivos, especialmente el grano o el alimento para otras poblaciones vivas. Tienen un trabajo importante que hacer alrededor de la granja.

La mayoría de las granjas tendrán perros como mascotas. Los perros están ahí para ayudar a mantener a los depredadores alejados del ganado. Muchos granjeros usan perros para ayudar a reunir ganado vacuno y ovino. Están entrenados para arrear a los animales y moverlos a donde el granjero quiere que estén. En tiempos pasados usaban perros para pastorear ganado en la ciudad, para que el ganado pudiera venderse en el mercado.

Las ovejas tienen un abrigo de piel de lana. Los granjeros afeitarán las ovejas y recogerán la lana para hacer la ropa. Muchas prendas están hechas de la lana recolectada de la piel de oveja. Su abrigo de piel de lana vuelve a crecer para siempre para que puedan afeitarse varias veces. Las ovejas son inteligentes y pueden reconocer hasta otras 50 caras de ovejas y recordarlas durante dos años. Una oveja bebé se llama cordero. Si una oveja cae sobre su espalda, no puede darse la vuelta para ponerse de pie de nuevo. Tienen una visión de casi 360 grados y pueden ver todo lo que los rodea.

Hay alrededor de 53,000 alpacas en las granjas en la USA. Las alpacas se crían por su pelaje de lana, al igual que las ovejas. Las alpacas son conocidas por escupir, pero por lo general no lo hacen. Están relacionados con las llamas. Las placas son animales muy tranquilos y gentiles. A diferencia de la mayoría del ganado, las alpacas son limpias y fáciles de cuidar. Teniendo en cuenta que no tienen un olor horrible o fuerte, tiene sentido por qué más personas los tienen como mascotas que otros tipos de ganado.

Las llamas son conocidas por escupir a otros animales e incluso a los humanos. Una cuarta parte de las llamas en los Estados Unidos viven en Oregón. Llamas son excelentes guardianes. Mantienen a raya a los coyotes y otros perros hambrientos de ovejas. Las llamas tienen ojos y oídos agudos y son bastante inteligentes. Pueden detectar a un entrometido problemático antes de que las personas lo hagan y, a menudo, cargan a un depredador en grupos para asustarlos.

Hace treinta años, prácticamente no había yaks en Estados Unidos. Los yaks ahora se encuentran en ranchos en más de una docena de estados. Los yaks prefieren vivir en altitudes más altas, donde hace más fresco. Al igual que las vacas, el yak tiene más de un estómago. Tienen un pelaje largo y en invierno un yak puede sobrevivir a temperaturas de hasta -40 grados. Por la noche y durante las tormentas de nieve se protegerán del frío acurrucándose con sus crías en el centro más cálido.

Hay más de 2 millones de cebúes en Estados Unidos. Los cebúes son un tipo de ganado, al igual que las vacas. Los cebúes también se pueden ordeñar como las vacas. Los cebúes son una de las razas de ganado más antiguas del mundo. Hay 75 especies diferentes de cebú. A diferencia de las vacas, tienen jorobas en el lomo.

La mayoría de los dromedarios de Estados Unidos viven en granjas amish y menonitas. Crían y venden los camellos a otros agricultores. También los alquilan a zoológicos e iglesias, que los utilizan para belenes. Pueden pasar semanas sin beber agua. Almacenan grasa en partes de su cuerpo conocidas como jorobas. Las jorobas actúan como reguladores de calor para que los camellos los mantengan frescos. La leche de camello se encuentra entre las leches más saludables del mundo.

A pesar de ser todavía relativamente desconocido, existen pequeñas granjas de búfalos de agua en todo Estados Unidos. Algunas granjas lecheras suministran leche de búfala a los restaurantes de la zona. Debido a que la leche de búfala de agua tiene un mayor contenido de grasa láctea que la leche de vaca, no es necesario mezclarla con tanta crema de vaca para hacer helado. La leche de búfala es el factor principal que contribuye a producir un helado rico en sabor y su textura cremosa se siente suave y aterciopelada en la lengua cuando la pruebas.

Los bisontes también son conocidos como búfalos americanos. Dakota del Sur encabeza la lista de estados con más granjas de bisontes. Hay menos de un millón de bisontes. Los bisontes son el mamífero más grande de América del Norte. La joroba de un bisonte está compuesta de músculos. Pueden correr hasta 35 millas por hora. Son extremadamente ágiles. Los bisontes pueden girar rápidamente, saltar vallas altas y son buenos nadadores. Tienen un pelaje grueso y pueden soportar temperaturas muy frías.

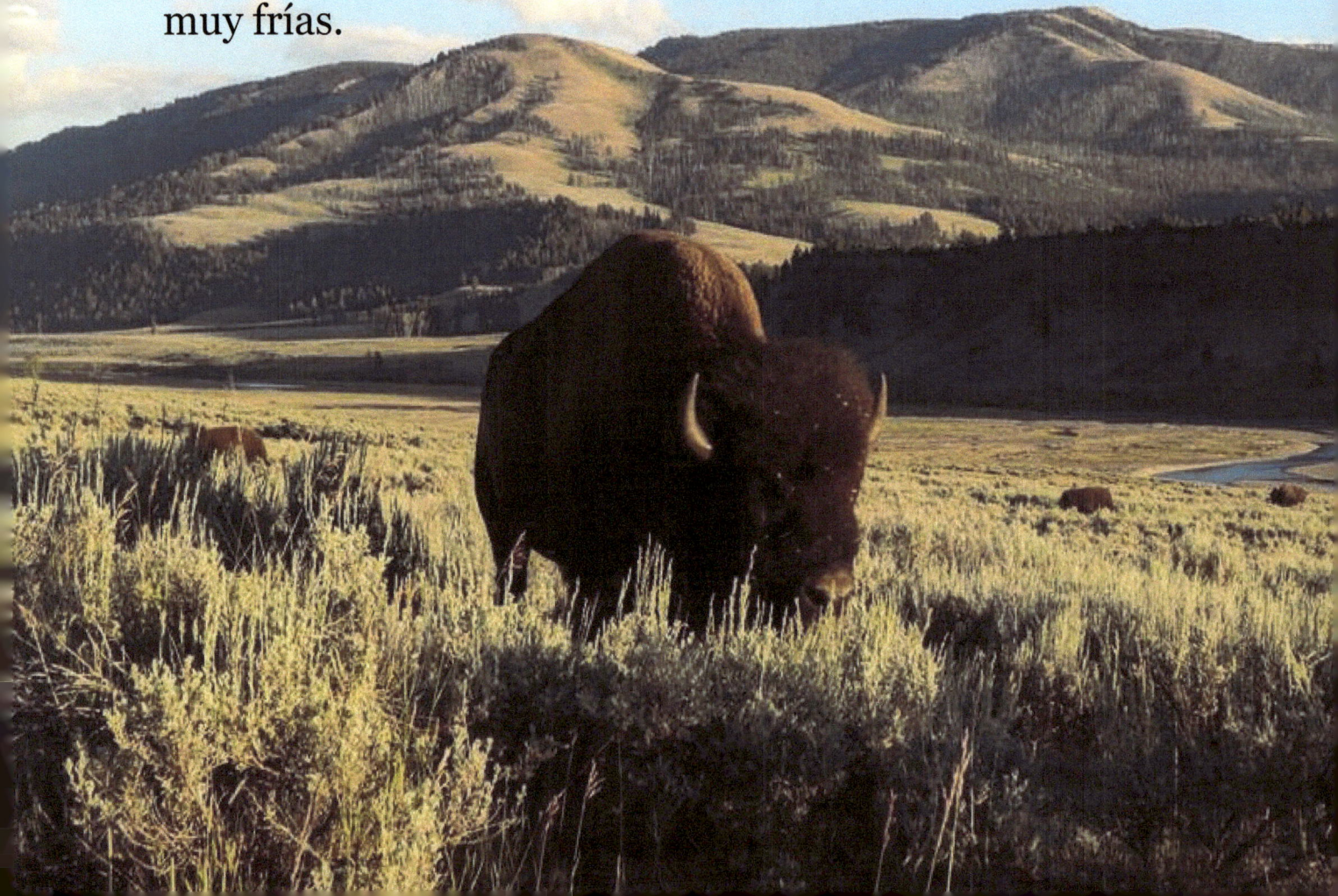

El cultivo de alces es relativamente nuevo aquí en los Estados Unidos. Hasta la década de 1960, se criaban comercialmente muy pocos alces. Hoy en día, más de 1.000 ranchos de caza albergan aproximadamente 120.000 alces. Los alces a menudo se confunden con los alces. El alce macho es el miembro más ruidoso de la familia de los ciervos. Tienen un sonido de corneta que es único. Los alces son animales nocturnos, lo que significa que están activos principalmente durante la noche. Prefieren vivir en zonas más frías y en la montaña. Son animales sociales. Los alces viven en grandes grupos, también llamados manadas, que pueden llegar a cientos e incluso miles.

En los últimos años, la cría de venado cola blanca se ha convertido en una empresa comercial exitosa en los Estados Unidos, con un total de más de 4.000 operaciones. El venado de cola blanca tiene buena vista y oído. Sólo a los ciervos machos les crecen astas, que se mudan cada año. Un ciervo joven se llama cervatillo. Un ciervo macho adulto se llama ciervo. La hembra se llama gama. El venado de cola blanca es el animal de caza mayor más popular en Estados Unidos.

Solo hay unas pocas granjas de renos en los estados más bajos de los Estados Unidos y algunas en Alaska. El reno y el caribú son el mismo animal y son un miembro de la familia de los ciervos. Tanto los renos machos como las hembras cultivan astas, mientras que en la mayoría de las otras especies de ciervos, solo los machos tienen astas.

Hay varios tipos de cabras en una granja, pero la cabra Billy tiene un nombre memorable. Las cabras fueron uno de los primeros animales en ser domesticados por los humanos. Las cabras no tienen dientes en la mandíbula superior. Las cabras tienen pupilas rectangulares. Tienen 4 estómagos. Las cabras tienen una agilidad y un equilibrio increíbles. Los abrigos de cachemira provienen de cabras. La leche de cabra es la leche más popular en todo el mundo.

Los burros se han utilizado durante mucho tiempo como animales de carga para transportar cargas y para trabajos de tiro en la agricultura tirando cargas pesadas. Son excelentes mascotas de pasto, como guardianes del ganado y, a veces, como compañeros de los caballos. Los burros son muy fuertes e inteligentes. Un burro es más fuerte que un caballo del mismo tamaño. Los burros tienen una memoria increíble. Pueden reconocer zonas y otros burros con los que estuvieron hasta 25 años.

Las mulas son, con mucho, uno de los animales más fuertes para su tamaño. Los agricultores, ganaderos y hombres al aire libre los usan para transportar cargas pesadas. Las mulas tienden a ser más saludables, más sanas y viven más tiempo que los caballos. Las mulas son menos propensas a las lesiones porque tienen buenos sentidos en terrenos escarpados.

Los cerdos se crían en todo el mundo y proporcionan productos valiosos a los humanos, como carne de cerdo, manteca de cerdo, cuero, pegamento, fertilizantes y medicinas. A los cerdos les gusta tumbarse en el barro porque no pueden sudar como los humanos, por lo que se tumban en el barro para refrescarse. Los cerdos son animales limpios y más inteligentes que los perros. Las madres cerdas les cantan a sus crías. Los cerdos sueñan y les gusta dormir nariz con nariz. Son muy sociables y les encanta que les frotes la barriga.

El principal uso del ganado vacuno es la producción de carne. Otros usos son el cuero y los subproductos de la carne de vacuno utilizados en dulces, champús, cosméticos e insulina. Con la piel de una vaca se pueden fabricar 18 balones de fútbol americano o 20 de fútbol. El ganado vacuno se cría en los 50 estados de Estados Unidos. Pero en 9 de ellos hay más ganado que habitantes. Estados Unidos y Brasil son los países con más ganado vacuno del mundo.

Las vacas pueden ser macho o hembra. Las vacas macho generalmente se llaman toros y tienen cuernos. Las hembras se llaman vacas. Las vacas hembras nos proporcionan leche. Las granjas lecheras crían muchas vacas hembras para su leche. La leche es bebida por muchas personas y tiene muchos nutrientes y vitaminas. Las vacas tienen un campo visual de 330 ° casi una vista general. Las vacas no necesitan dormir mucho y pueden tomar una siesta mientras están de pie. Vacas originadas en Turquía. Son muy sociales y les gusta pasar el rato en grupos.

La gente no solo disfruta montando a caballo, sino que se utilizan para tirar de cosas y para acorralar al ganado. Los caballos fueron uno de los primeros animales que la gente usó para montar. Los caballos no pueden respirar por la boca. Los caballos pueden dormir de pie. Los caballos tienen un campo de visión de casi 360 grados. Los caballos no tienen dientes en el medio de la boca. Los caballos son animales muy inteligentes. Hay más de 600 tipos de caballos. Son buenas mascotas.

Página del autor

Animales de granja

Billy Grinslott

Kinsey Marie Books

Gracias por leer

ISBN - 9781957881836

www.ingramcontent.com/pod-product-compliance
Lightning Source LLC
Chambersburg PA
CBHW060836270326

41933CB00002B/108